COUP-D'ŒIL

SUR LES

RELATIONS POLITIQUES

ENTRE

LA RÉPUBLIQUE FRANÇAISE

ET

LE CORPS HELVÉTIQUE.

Par le Colonel WEISS, du Conseil-Souverain de Berne.

A PARIS,

DE L'IMPRIMERIE DE DIDOT JEUNE.

l'an deuxième de la République Française.

COUP-D'ŒIL

SUR

LES RAPPORTS POLITIQUES

Entre la République Française et le Corps Helvétique.

Convient-il à la France d'augmenter ses ennemis et de rompre avec le Corps Helvétique ? — Convient-il aux Suisses de se mêler des troubles de l'Europe, et d'entrer en guerre avec la France ? — Cette rupture pourroit-elle se fonder réciproquement en raison, en justice ? — Si elle est à craindre, comment l'éviter ? — N'a-t-on pas calomnié les Suisses, (et Berne en particulier) dans l'opinion publique ? — Enfin quelques remarques sur la reconnoissance de l'Ambassadeur.

Voilà les considérations que je me propose de traiter rapidement. Pressé par le temps et une motion hostile qui se prépare, je les présente sans art, sans ordre, sans style, mais fondé sur des faits publics, et une connoissance exacte de la position des choses. — La publicité de mes principes, mon adhésion invariable aux motifs et aux *vraies* bases de la révolution; ma constance, mon zèle pour un parti de neutralité et de modération, auquel la France, dans une époque critique, fut peut-être redevable d'avoir un ennemi de moins, et ma patrie un degré de repos de plus : tout cela devroit m'obtenir quelque confiance.

Mais, pour l'augmenter et mieux nous comprendre, j'ajoute quelques fragmens de ma profession de foi politique. — Je dis de la mienne, car je préviens que je ne parle que comme particulier, comme homme de lettres, et non comme homme public. — Je n'ai de mission directe à cet égard que celle de mon patriotisme, de mon attachement au bien de la France, et de mon amour pour le vrai et pour le juste.

Fragmens de profession de foi.

Le plus beau des empires, celui qui réunit en lui seul toutes les ressources; la Nation la plus sociable, la plus sensible à l'honneur, la plus maniable par la raison, la plus attachée à ses souverains, avoit été, par une longue suite de pitoyables administrations, réduite à l'extrémité, et portée au bord de sa perte.— On avoit vainement épuisé les moyens les plus ruineux : la machine politique s'arrêta faute d'argent, comme le moulin s'arrête faute d'eau.

—L'inepte monarque appelle la Nation à son secours : elle envoie ses représentans; ils remontent à la source des maux, s'étonnent de la multitude des abus, lèvent le voile du despotisme, se révoltent à l'aspect des victimes d'un pouvoir arbitraire , et frémissent sur l'emploi de ces immenses revenus , arrachés aux douleurs et à la subsistance du Peuple.— Ils projettent de grandes réformes ; mais ce n'est point ce qu'on demande d'eux : on cherche à les dissoudre, à les détruire ; et l'intérêt de sureté personnelle s'unissant au devoir, la révolution se fait.

Un nouvel ordre de choses naît. L'imperfection humaine, les obstacles, les dangers, les passions, l'ignorance, le fanatisme, les intérêts opposés, combattent la sublimité des principes; l'exagération nuit à leur but bienfaisant, et l'incohérence des assemblées nombreuses en met dans leur application.

Un parti puissant de faux-frères coalisés avec tous les ennemis intérieurs et extérieurs s'oppose sourdement au bien, seconde les écarts, sème par-tout des germes de division, de craintes, de haines, de vengeances, porte aux excès , aux crimes, et s'écrie ensuite : *Voilà les fruits de la révolution !*

Une classe hypocrite, en contraste avec les principes de son état, prêchoit l'abstinence , l'humilité , et consommoit dans un luxe et une débauche scandaleuse, les fonds originairement destinés à l'entretien du culte et au soulagement de l'humanité souffrante. — Les besoins publics exigeoient de grandes dépenses : le tout ne pouvoit se maintenir que par le sacrifice de quelque partie. On reprend le superflu de ces fonds nationaux sans propriété, puisqu'ils étoient sans hérédité : on les applique aux besoins les plus pressans de l'État, et tous les moines de la terre crient au sacrilège.

Une Cour dépravée, frivole, fastueuse, prodigue ; sans morale, sans lumières, sans pitié pour ce peuple qu'elle ruine ; traitant chaque bagatelle en affaire d'importance, et chaque affaire importante en bagatelle ; riant, plaisantant des objets les plus sérieux, des devoirs les plus sacrés, se jouant du bonheur du genre humain , et se permettant tous les excès, pourvu qu'ils fussent commis avec esprit, avec graces : cette Cour (qui admettoit cependant des exceptions) ; cette Cour qui croit n'être plus rien, dès qu'elle n'est plus tout, feint d'adopter les nouveaux principes, mais sous main en détruit l'effet : elle fomente les désordres au dedans, conspire au dehors. Nul bien n'est plus possible, tant qu'il existe une opposition directe entre le pouvoir législatif et le pouvoir exécutif : il faut que l'un soit immolé à l'autre. Le ressentiment, la nécessité, la sureté, s'animent contre un Roi stupide et parjure. Son incapacité ne s'élèvera jamais à la hauteur des événemens ; plus d'espoir que.... Mais ce tableau me mène trop loin ; d'ailleurs je n'en considère pas toutes les faces ; je m'interromps, et reviens à mon but.

Convient-il à la France de rompre avec le Corps Helvétique.

Bien, bien certainement on ne peut sans beaucoup de présomption, d'ignorance militaire et politique, croire sérieusement que la France dans sa position actuelle n'a pas assez d'ennemis, et que toutes les probabilités militaires sont en sa faveur.—Il importe sans doute de propager cette confiance dans la Nation, en ce qu'elle est un mobile puissant ; mais son excès peut aussi nuire. L'expérience a démontré, que l'abattement de la défaite est proportionnel à l'espoir de la victoire ; et s'il est utile que le Peuple se croie invincible, il ne l'est pas moins que ses Représentans établissent leurs calculs d'après des données véritables, et non sur des suppositions exagérées.

L'Allemagne seule est aussi peuplée que la France. Cette dernière a le puissant ressort de l'enthousiasme ; l'autre a la supériorité de

discipline , de subordination , de connois-
sances militaires, et de constance de caractère
national. Les rapports actuels ne sont point la
mesure absolue de ses forces: des exigeances
extrémes crééroient de nouvelles ressources,
et on en prépare déjà sur lesquelles on n'avoit
pas compté.—Les Français n'auront pas toujours en leur faveur, la pluie, la faim, les
maladies, la discorde des alliés, la maladresse
des plans de campagne, les exagérations des
émigrés, et les talens de Dumourier; de ce
Dumourier que ses ennemis admirent, et qui
trouve tant d'ingrats parmi ses compatriotes.
—Il ne peut commander qu'une armée, et
vous pouvez en avoir besoin de huit ou dix.—
Malgré l'ouverture de la campagne, vous êtes
arriérés pour les préparatifs, vous n'êtes pas
en mesure à cet égard avec les Puissances al-
lemandes, et vous ne pouvez opposer à leurs
vieux régimens que des troupes nouvellement
organisées.—Beurnonville est sans doute bien
actif, bien éclairé, bien propre à attirer l'estime, l'amour, la confiance, et à porter l'ordre
où il n'est pas ; mais Beurnonville ne peut
pas l'impossible.

Si, à cet équilibre de forces anciennement
reconnu entre la France et l'Allemagne, on
ajoute encore l'Angleterre , la Russie, la
Hollande , la Sardaigne , l'Etat de l'Eglise,

probablement l'Espagne et Naples, et peut-être Venise, et tous vos ennemis intérieurs, cet équilibre se perd. Il ne suffit point alors de déclamer, d'imprimer, de dire, *nous sommes invincibles, nous battrons tout cela ;* et de demander ensuite avec un air persuadé, *en doutez-vous ?* Eh bien, *oui j'en doute ;* les trois quarts de l'Europe en doutent ; et dès que ce doute peut exister, ce seroit le comble de l'imprudence et de la responsabilité, de vouloir sans nécessité augmenter vos ennemis.

Ces Suisses que vous ménagez si peu, peseraient plus fortement dans la balance que vous ne paroissez le croire. — Toutes les circonstances locales sont en leur faveur. Nos retranchemens naturels se graduent de collines en côteaux, de montagnes en montagnes, jusqu'à ces cîmes glacées qui se perdent dans la nue. Des torrens, des bois, des roches escarpées, des vallons étroits, des retraites impénétrables à tout autre qu'à l'habitant même ; des ressources infinies pour la défense, des dangers infinis pour l'attaque ; mille et mille défilés où quelques centaines d'hommes arrêteraient des armées ; une foule de moyens de les enfermer et de leur couper les subsistances, et tout autant à fa-

voriser des irruptions qui désoleraient vos provinces voisines : voilà notre local.

En nombre, nous avons au-delà de deux
cent mille hommes armés : l'état militaire du
canton de Berne seul surpasse les quatre vingt
mille. — Ce ne sont sans doute que des milices,
mais vos meilleures troupes ne sont pas autre
chose. Les nôtres sont en outre mieux armés,
mieux habillés, plus soumis à leurs chefs ;
leur organisation se perfectionne depuis des
siècles ; et ils sont encore plus persuadés que
les vôtres, qu'ils se battent pour leurs femmes,
leurs enfans, leurs foyers et leur liberté.

Dans cette milice se trouvent des milliers
de soldats qui ont servi chez l'étranger ; et
vous venez de nous en renvoyer des milliers
d'autres qui passoient jadis pour vos meilleures
troupes, et qui, par une suite des circonstances, ne seroient pas les moins zélés : du
moins ont-ils beaucoup contribué à inspirer
un éloignement marqué pour toute révolution. — Ce peuple ne s'anime pas facilement ;
mais lorsqu'il s'anime c'est avec constance, et
une tranquille bravoure qui calculeroit froide-
ment les écarts de votre impétuosité.—Si vous
êtes Français, nous sommes Suisses ; et vous
ne pouvez jamais être plus près de nous, que
nous de vous.

N'allez point prendre cette franchise militaire et cette fierté républicaine pour des menaces : nous en sommes bien éloignés ; ce n'est que l'état des choses que je vous présente. L'unanimité des cantons a décrété la neutralité, elle y sera fidèle. L'unanimité desire sincèrement la paix ; mais nous la voulons avec sureté, repos et dignité. Nous ne nous laisserons ni molester, ni avilir, ni propagandiser. Nous devons tenir compte à nos descendans de la réputation que nous laissèrent nos ancêtres, et au peuple du bonheur dont il jouit. Nous ne demandons qu'à rester tranquilles. Seroit-ce trop exiger ?

Votre intérêt se trouve uni au nôtre. Nous garderons mieux vos cinquante lieues de frontières que vous ne les garderiez vous-mêmes : vous aurez du moins un point sur lequel vous ne pourrez être attaqué ; point important, en ce que, ne prévoyant pas le cas d'une rupture avec les Suisses, les provinces limitrophes sont dénuées de places fortes.

Le général Montesquiou, qui avoit vu les choses de près, et qui plus que personne étoit intéressé à les apprécier, se sert dans sa correspondance imprimée avec le ministre Clavière (*a*), lettre du 3 octobre, de l'ex-

---

(*a*) J'aime le ministre Claviere ; j'estime ses talens, son activité, son esprit d'ordre, son courage, sa con-

pression suivante : *la neutralité des Suisses, que je regarde comme le salut de la France ; et dans celle du 22 : la neutralité Helvétique, qui pour nous équivaut à deux armées, l'une en Franche-Comté, et l'autre au nord de la Savoie.*

Savez-vous pourquoi ces généraux Mon-

---

naissance des hommes, ses lumières supérieures dans la partie qu'il préside. La France lui a des obligations, et Mirabeau, qui se connaissait en génie, profitait souvent du sien. J'admire la noble simplicité qu'il conserve dans son élévation : je suis aussi sensible qu'on puisse l'être, à la manière aimable dont il reçoit ses anciens amis, et qui mérite de lui en acquérir de nouveaux. Mais, si j'aime Claviere, (cet homme influant dans nos affaires politiques,) j'aime encore mieux ma patrie : je l'indique comme ayant longtems eu à s'en plaindre, à titre de chef d'un parti genevois en opposition avec la majorité de notre gouvernement, et contre laquelle par conséquent il doit avoir des griefs personnels. L'homme est toujours homme; et, malgré sa philosophie, n'est-il pas probable qu'il conserve quelque ressentiment ? Je crois en trouver des traces non douteuses, confirmées par sa correspondance imprimée. Je récuse donc son opinion, ses avis, aussi souvent qu'il sera question de nos affaires politiques, et particulièrement de celles de Berne. Je le dénonce comme devant être partial par les circonstances; et je dis avec le général Montesquiou, que » Ce n'est point à la Nation Française à épouser « les haines d'un particulier. »

tesquiou et Ferrière ont témoigné si peu d'empressement à suivre les directions hostiles qu'on leur avoit données? Ils ne pouvoient vous le dire: c'est que leur gloire et leur devoir étoient à la fois compromis, c'est qu'ils voyoient les choses de près, que leurs directeurs les voyoient de loin ; c'est qu'ils n'étoient pas en mesure ; que d'après toutes les probabilités militaires ils étoient battus, du moins pour le début ; et que cet échec pouvoit en attirer bien d'autres, ranimer vos ennemis, et changer le sort de la France.

Ils savoient, ils repétoient ce que la passion, le ressentiment ou des intentions suspectes peuvent seules méconnoître : C'est que vous ne pouver avoir de meilleurs voisins qu'un peuple froid, passif, paisible, divisé en nombre de petites républiques fédératives très organisées pour la défense, et peu pour l'attaque ; toutes désirant la paix et se surveillant réciproquement, parce que l'intérêt des uns est lié à celui des autres, parce qu'on ne peut avoir guerre avec une sans l'avoir avec toutes, et particulièrement avec ce canton de Berne, à l'existence duquel tous les confédérés sentent bien que la leur est intimément liée. Défaites-vous de la prévention qu'on peut les attaquer séparément. — Défaites-vous de celle que cherchent à inspirer tous ces misé-

rables petits pamphlets, qui salissent vos journaux, c'est-à-dire, que notre pays pourroit
facilement être travaillé en insurrection (*a*).

Il y a quelques mécontents dans les villes
de ce canton de Berne, et peut-être n'ont-
ils pas tous les torts de se plaindre ; mais le
peuple est très-attaché au gouvernement ; il
sent son bonheur. Et comment ne le sentirait-
il pas ? N'est-il pas à portée de comparer son
sort à celui de tous ses voisins ? et en est-il
un seul qui jouisse de son bien-être ?

Où paie-t-on moins d'impôts ? où la propriété est-elle plus sacrée ? où dépend-on
plus véritablement de lois sages et modérées ?
où y a-t-il plus d'égalité dans les fortunes ?
moins de richesses, moins de pauvreté ? plus
de secours publics pour la dernière ? Nos
hôpitaux sont des palais, les maisons de nos
Avoyers sont des petites maisons bourgeoises.
—Notre pays n'est-il pas plus riche, plus
peuplé, que ses circonstances locales ne sem-

(*a*) La manière dont le peuple considère la révolution, se rapporte assez au mot d'un garde Suisse,
la nuit du 5 octobre. On lui demandoit ce qu'il
pensoit de tout cela. « Ma foi, répondit-il, je n'en
« pense pas grand'chose, car je n'y entends rien. Il
« me semble que c'est une querelle de ménage entre
« mari et femme, qui ne nous regarde point. Laissons les
« faire : mais sacred... qu'ils ne nous attaquent pas. »

bloient le comporter? En est-il un en Europe où l'agriculture , malgré l'ingratitude du sol , ait été mieux perfectionnée (a)? — Est-il un gouvernement dont la modération et l'économie aient mieux ménagé le grand ressort des finances? Toutes les grandes puissances se ruinent et ruinent leurs sujets ; mais l'Angleterre , l'Allemagne , la France et d'autres Etats nous doivent. Nos trésors sont garnis ; nous ne devons rien à personne : le peuple est dans le bien-être ; nous sommes dans l'aisance , lorsqu'il dépendroit de nous d'être dans l'opulence ; car, qui nous auroit empêchés de partager entre nous cet argent que nous avons accumulé pour les besoins pu-

---

(a) Malgré cela , il ne suffit point à notre subsistance , et nous tirons près de deux cinquièmes de grains de l'etranger. Un de vos pamphlets nous accuse gravement d'avoir cherché a engeoler notre peuple en lui fournissant dans la cherté, du blé à bas prix , sur lequel l'Etat perdoit beaucoup. J'observe d'abord que cette petite ruse est tres-ancienne, l'Etat ayant de tout temps sacrifié des sommes considerables pour cet objet. Cela me rappelle aussi un mot de Voltaire , dont je ne cite que le sens , ayant oublié les termes: « On a dit que Marc-Aurèle étoit un hypocrite ; qu'il « ne faisoit du bien aux hommes que pour en être « aimé et estimé ; et moi je dis : Ciel ! donne-nous « souvent de ces fripons-là. »

blics ? Au reste, qu'il ne tente personne ; il est à l'abri.

Est-il un État dont la prudence ait depuis plus long-temps éloigné le plus terrible des fléaux, la guerre ? Depuis près de trois cents ans nous n'en avons jamais eu d'extérieure ; nous vivions en paix, pendant que tout autour de nous se déchiroit ; et nous n'avons encore à redouter que vos erreurs, que vos passions. Est-ce à l'époque où, sans exception depuis que la Suisse existe dans l'histoire, elle est la plus peuplée, la plus florissante, est-ce à cette époque que la philosophie pourroit tenter de la détruire ?

Et moi aussi je connois ces principes abstraits, moi aussi j'en fus l'apôtre long-temps avant la révolution (a) ; mais autant j'en res-

---

(a) Voyez mes Principes Philosophiques, Politiques et Moraux, imprimés pour la première fois en 1785, et se trouve chez *Maradan*, rue S. André-des-Arts. — Je disois entre autres, dans le chapitre des Princes : « Si après avoir mis l'ordre dans vos « propres États, un feu guerrier s'empare de votre « cœur, il est des moyens de l'allier avec la bienfai- « sance. — N'allez-pas, pour quelque minutie, déso- « ler l'humanité ; mais combattez pour elle. Vous « avez surement quelques voisins qui *gémissent sous* « *la tyrannie :* déclarez la guerre à leur oppresseur « sous l'obligation de rendre son peuple libre, ou du « moins sous celle de réformer les usages les plus op-
pecte

pecte les vérités, autant j'en abhorre l'abus
et en redoute les écarts. Ils doivent servir
de flambeaux aux législateurs, mais ils ne
sont point la mesure absolue de nos rapports
civils, qui doit toujours se combiner avec
notre foiblesse, l'ignorance vulgaire et les
relations locales.

« pressifs. Offrez à ce peuple une constitution plus
« parfaite, des lois plus équitables, des impôts moins
« onéreux : la foule des mécontens se joindra à vous,
« et l'oppresseur trouvera plus d'ennemis dans ses
« propres sujets, que vous n'en trouverez dans son
« armée.

« Mais, pour rendre vos intentions publiques,
« pour les faire comprendre, il faut éclairer. Que la
« persuasion s'allie avec la force ; que les plumes les
« plus éloquentes, les esprits les plus intrigans, de-
« viennent vos troupes auxiliaires. Sous l'étendard du
« *bonheur* vous subjugueriez l'univers. »

Mirabeau se proposoit de prendre la dernière phrase
de ce passage, pour épigraphe. Mais j'observe que
je disois *bonheur*, et que le paragraphe commence
par *après avoir mis l'ordre dans vos propres États*.
Enfin que je n'entends par le mot *tyrannie*, que l'abus
du pouvoir, que l'oppression des peuples, dont la vraie
mesure n'est autre chose que le degré de félicité publique. — Les principes en politique ne sont pour
l'ordinaire que des outils, dont le résultat est l'ou-
vrage : plus ces outils sont bons, et plus ils deviennent
dangereux entre des mains mal-adroites ; les faux
coups étant plus profonds, les esquilles plus fortes.

B

Sans doute que notre Constitution ne supporte pas un rigoureux examen, d'après les nouveaux principes. Mais ces principes n'ont pas encore la sanction de l'expérience, pendant que les nôtres ont celle de la félicité publique ; différente en degrés, suivant les Cantons, mais dans tous, pour le moment, supérieure à la vôtre.

Sans doute qu'il est des abus : nous ne sommes point parfaits ; nous sommes des hommes, ayant comme les autres nos erreurs, nos foiblesses, nos accès de passions, qui produisent par-ci par-là quelques écarts. Moi-même j'en ai été victime, moi-même je suis au rang des mécontens ; mais serais-je assez vil, assez lâche pour sacrifier à un ressentiment particulier, la vérité, la justice et le repos de mon pays ? Non, je reconnois avec conviction qu'il est dans notre patrie une prépondérance de bien qui mérite tout respect, et qu'il n'est peut-être pas de tribunal au monde où il y ait plus de probité et de pureté d'intentions, que dans le Conseil-Souverain Bernois.

Lorsque le résultat d'une administration de six siècles, est une prospérité toujours augmentante, on n'a pas besoin d'autres règles pour décider avec confiance, que le Gouvernement est bon, que la Constitution n'est pas mauvaise. L'expérience est plus sûre

que le raisonnement. On prouve mieux par
des faits que par des abstractions. Les Etats
ne sont point faits pour des systêmes de Constitution , mais les Constitutions sont faites
pour les Etats ; ce qui convient à l'un ne convient pas à l'autre ; la meilleure est celle
qui forme le peuple le plus heureux......
Français, j'ose vous le demander, êtes-vous
déja heureux ? Vous pouvez le devenir, je
l'espère, je le désire ; ma tête tomberait avec
le sourire du bonheur , si en tombant elle
pouvoit contribuer au vôtre. Mais ce bonheur est encore en perspective , le nôtre est
en réalité. Nos rapports ne sont point les
mêmes , notre révolution est toute faite :
nous sommes témoins de vos agitations , de
vos dangers ; votre générosité, votre justice
pourroit-elle blâmer notre prudence ?

Avant la Révolution vous nous accordiez
avec le reste de l'Europe, un des premiers
rangs de félicité publique : vous nous consi-
dériez comme un Gouvernement sage et mo-
déré, comme un peuple honnête, heureux et
libre. — Nous n'avons point changé, c'est vous
seuls, Français, qui ne vous ressemblez plus :
pardonnez à ma franchise ; mais n'avez-vous
pas décrété indirectement que vous possédiez à
vous seuls toutes les lumières, toutes les vertus ;
que tous les siècles passés, et les peuples pré-

sens n'avoient jmaais eu d'idées de bonheur, de justice? Vous ne voyez plus en vous que des Sages et des Héros ; et chez toutes les autres Nations, que des Tyrans et des Esclaves.

Notre principal tort c'est le vôtre ; c'est celui d'avoir changé jusqu'à la signification des termes. Le titre d'aristocrate étoit depuis plus de deux mille ans un titre honorable ; il correspondoit à son étymologie grecque, *le gouvernement des meilleurs*, et dans ce sens nous étions très-aristocrates : mais tout-à-coup il vous plaît d'en faire l'injure la plus atroce ; et votre vulgaire qui juge sur les mots, non sur les choses, ne voit plus en nous que des monstres. — J'en appelle à tous les Publicistes de la terre. — Qu'étoient vos législatures précédentes d'après le vrai sens du mot ? Qu'est votre Convention actuelle autre chose qu'une aristocratie élective ? — Je propose de remplacer ce barbare solécisme par l'épithète de *tyrans*.

Voilà des considérations qu'on peut présenter à ceux qui ont de quoi être persuadés par la raison, la justice et la moralité des choses. A l'égard de ces hommes à *principe unique*, qui, dans leurs rêves philosophiques, se proposent sérieusement la République universelle pour but, et la guerre universelle pour moyen : on ne sait trop que leur répondre. Ils me rappellent ce tyran de la fable qui, par je ne sais quelle idée de proportion, faisoit lier les étrangers sur un lit de fer; torturoit les petits jusqu'à la longueur requise, et abattoit aux trop grands les pieds ou la tête. Ne seroit-il pas décent de mettre soi-même un peu plus de bien et d'harmonie dans ses propres affaires, avant de se mêler si fort de celles des autres? — Nous ne leur demandons d'ailleurs qu'un court délai : c'est seulement jusqu'à ce qu'ils touchent à cet ordre parfait qui, selon eux, ne peut tarder. Nous ne voulons différer que jusqu'à ce que vous soyez plus heureux que nous.

Jusques-là il ne peut, il ne doit exister qu'une seule rivalité, un seul défi. — J'ose vous le proposer, Français; il est digne de vous, et j'espère en être un des plus valeureux champions. C'est celui de savoir, vous dans votre grandeur, nous dans notre petitesse, vous avec votre brillant esprit, nous avec notre gros bon sens, qui de nous fera plus tôt de son peuple le plus fortuné et le plus vertueux de la terre?

Il est une classe plus dangereuse que les apôtres de la République universelle : c'est ceux de l'égoisme; c'est ceux qui, insensibles à toute moralité, ne se déterminent que par l'intérêt, et qui changeroient sans peine les vues bienfaisantes d'une Révolution philosophique, en vils calculs d'argent, d'ambition et de conquête.

B iij

On peut leur faire sous ce même point de vue subalterne, une observation bien simple. Si vous voulez nous envahir, qu'avez-vous qui vous presse?—Ou vous serez victorieux dans cette campagne, ou vous ne le serez pas.—Dans le premier cas, vous aurez moins de difficultés à nous soumettre la suivante. — Dans le second (et qui est possible), il sera prouvé que vous avez déjà trop d'ennemis : et pouvez-vous alors, d'après les règles de la plus sèche, de la plus froide politique, chercher à les augmenter?

Ce n'est pas (me disoit un d'eux sérieusement), ce n'est pas que nous voulions nous brouiller avec vous ; mais ce pays de Vaud nous conviendroit beaucoup : on en formeroit un nouveau département uni au Valais.— D'abord je crois qu'il ne vous convient pas, parce qu'il ne peut vous appartenir qu'avec le tout.—Si convenir étoit au rang des droits de l'homme, on feroit abattre la maison de son voisin pour agrandir son verger.—C'est comme si nous vous disions : Nous sommes certainement vos meilleurs amis, nous ne demandons que paix et harmonie ; mais l'Alsace et la Franche-Comté nous conviennent : n'est-ce pas, vous ne trouverez pas mauvais qu'on y sème la révolte et qu'on s'en empare?

Il est d'ailleurs faux, malgré les propositions faites encore dernièrement au Conseil exécutif, que le pays de Vaud désire cette réunion. C'est quelques mécontens , c'est vos ennemis qui cherchent à nous brouiller pour appuyer leur parti d'un peuple belliqueux, et flanquer leurs armées d'une citadelle naturelle.—Donnez ordre à votre police de remonter à la source de toutes ces misérables impostures dont nous apostrophent vos journaux ; vous verrez que leurs auteurs sont le plus souvent ou des émissaires de vos ennemis, ou de vos citoyens les plus suspects qui ; à force d'anarchie et de dangers, voudroient amener un autre ordre de choses , et détruire la République ; ou des Suisses insignifians et bannis de leur Patrie, où ils ne peuvent rentrer que par quelque secousse, dont ils voudroient vous rendre l'instrument.

Le peuple du pays de Vaud joint à l'amabilité française la prudence suisse : il connoît très-bien ses intérêts, il a eu le temps de réfléchir et d'observer, et il n'ignore point la marche suivie dans la comté de Nice (1) et la Belgi-

____

(a) Rapport officiel de Collot d'Herbois , l'un des Commissaires envoyés par la Convention , du 15 février 1793. — « Vous n'ignorez pas dans quelles cir-« constances vos Commissaires entrèrent à Nice ; le « brigandage, le viol , le meurtre souilloit cette ville « infortunée.... Quand l'armée française entra dans « Nice, elle fut reçue comme une armée de libéra-« teurs ; les Nicards allèrent au-devant du Général, « et lui promirent amitié, fraternité, secours de tout

B iv

que , et en partie chez ses voisins les Savoyards.
Il sait que dans des temps de crise, et avec
l'insubordination de l'armée, la volonté de
la Convention ne suffit point pour réprimer
les excès ; que d'abord traités en amis par les
soldats, ils seraient bientôt considérés comme
vaincus ; que leur tranquillité se changeroit
en agitation, leur sécurité en danger, leur
argent en papier, et que leur fortune seroit

« genre. De son côté il promit de protéger les pro-
« priétés, et douze heures après son entrée, le pil-
« lage commença ; il dura trente heures consécutives,
« au bout desquelles le Général fit une proclamation
« insignifiante pour l'arrêter : elle fut inutile ; deux
« mois entiers s'écoulèrent dans cette horrible situation.

« Les plus déplorables excès furent alors commis,
« sur-tout dans la montagne. Des hommss féroces y
« ont violé tous les droits de la pudeur et de l'huma-
« nité ; ils ont enlevé jusqu'aux chétifs bestiaux qui
« nourrissoient leurs pauvres maîtres... ; alloient de
« maisons en maisons, vouloient tout ce qui ten-
« toit leur cupidité, et chargeoient à mesure leurs
« prises sur des mulets. Le Général, sous prétexte de
« discipline, forçoit les soldats à protéger de tels bri-
« gandages. — »

A l'égard de la Belgique, j'ai accompagné moi-
même un Député de Namur chez Dumourier, pour
réclamer la tenue de son manifeste, et j'ai vu ce
Général aussi aimable au coin de sa cheminée, que
grand à la tête de ses armées, je l'ai vu réduit à re-
gretter son impuissance à tenir ce qu'il avoit promis.

subordonnée à ses vicissitudes. — Ils partage-
roient aussitôt l'immense dette nationale, les
impôts et contributions nécessaires à la guerre
dont leur pays deviendroit le théâtre, et souf-
friroient également des victoires et des défaites,
sans compter les dangers de la reprise et les
suites de la paix, où, selon l'usage, chacun
rentre dans ses bornes. — Ils savent aussi que
la ruine totale de leur pays dépendroit d'un
seul règlement de police. Leur principale richesse consiste en vins, dont la plus grande
partie est consommée dans la Suisse alle-
mande. Qu'on en ferme l'entrée, qu'on l'ou-
vre à ceux du marquisat et autres, et le pays
de Vaud est ruiné dans trois ans !

Pays de ma naissance ! quoi ! j'aurois la dou-
leur de vous voir détruire ! Non, peuple aimable, si digne d'être heureux, vous dont je me
considérerai toujours comme Représentant in-
direct, vous auxquels l'étude de ma vie sera
d'être utile, vous auxquels je sacrifierois si vo-
lontiers mes droits particuliers, s'ils pouvoient
contribuer à votre bien être.... croyez-en un
ami vrai, dont la conduite a quelque droit à
votre estime ; croyez que vos plus précieux intérêts exigent le calme, la paix et l'harmonie.
Garantissez-vous des séductions, des vertiges ;
ne précipitez rien ; attendez, voyez, réfléchissez. Je vois, j'observe aussi, et c'est du centre
de Paris que j'ose vous donner ce conseil.

Convient-il à la Suisse de se mêler des troubles de l'Europe, et d'avoir la guerre avec la France ?

C'est un vieux principe, qu'avant d'entreprendre une guerre, il faut murement réfléchir le but, les moyens et l'issue. — A l'égard du premier, qu'est-ce qui pourroit nous y engager ? seroit-ce le ressentiment ? Ce motif n'est ni moral, ni politique, ni suisse. Rendrions-nous la vie à nos frères égorgés, et n'en ferions-nous pas massacrer des milliers d'autres ?

Seroit-ce le rôle insensé et injuste de puissance co-partageante ? Cela ne peut convenir ni à nos vœux, ni à nos Constitutions. Vous nous offririez inutilement vos plus belles provinces, nous aurions la sagesse de les refuser, parce quelles deviendroient pour nous un germe de dissentions et de guerres futures. — Nous préférons une médiocrité tranquille, à une grandeur agitée. La nature traça nos bornes, nous y renfermons notre ambition, et la vraie gloire de notre République est celle de l'honnête femme de Rousseau, *la gloire de vivre ignorée.*

Est-ce la crainte que ces nouveaux principes opposés aux nôtres, ne bouleversent nos Constitutions. Eh ! un peu de patience,

tout cela se modérera ; le tableau de la
réalité calmera l'imagination. On ne tardera
pas à voir que ce qui n'a jamais existé est
difficile à introduire ; que la félicité humaine
a ses bornes et ses obstacles dans la nature ;
qu'elle s'accorde mieux avec les mixtes,
qu'avec les extrêmes ; qu'il est aisé de détruire, difficile de rebâtir ; qu'on peut changer les principes, non les passions ; que
les mêmes causes, les mêmes ressorts, pro-
duiront à peu près de tous temps les mêmes
effets ; et que des maximes d'anges sont,
par leur perfection même, incompatibles
avec les vices des hommes. — Oui, patience !
évitez les premiers chocs, et le peuple aura
le temps de se calmer, comme nous de modérer nos propres passions et de réformer
les abus (a).

Quelques particuliers pourroient gagner à
cette guerre, mais notre République ne pourroit qu'y perdre. L'esprit de conquête ne
peut faire partie de notre système ; et une
suite inévitable, seroit l'épuisement de nos

(a) Un des plus grands bienfaits de la révolution,
c'est d'avoir rappelé plus fortement les Souverains à
leurs devoirs, et attiré l'attention sur les abus et leurs
dangers. Ce bienfait se remarque dans toute l'Europe,
particulièrement dans l'Allemagne, et il mérite toute
reconnoissance.

finances, la mort et la mutilation d'un grand nombre de nos concitoyens, la dégradation de notre agriculture, la possibilité d'être obligés d'établir des impôts, et de priver notre pays d'un de ses plus grands avantages; enfin, pour le dire avec franchise, la possibilité d'une destruction et d'un bouleversement total : car il n'est pas douteux que le genre d'attaque et nos relations porteroient la défense à l'extrême, et que nos ennemis ne pourroient envahir que des cimetières et des ruines.

D'après ce coup-d'œil, il n'y a point d'équilibre entre les risques et les avantages d'une pareille guerre. Soyez sûrs que notre prudence les a mûrement comparés. — Recevez pour garant de nos dispositions pacifiques, le gage communément le plus assuré, celui de nos plus précieux intérêts, joint aux preuves d'un système soutenu depuis près de trois siècles, pendant lesquels nous n'avons jamais eu de guerre extérieure.

Mais, après être franchement convenu de nos vœux, de nos intentions pacifiques, n'abusez pas de notre position ; n'exigez pas de nous des démarches qui nous compromettroient avec les Puissances belligérantes, et dont l'embarras ne tarderoit pas à retomber sur vous. — Ordonnez aux agens du pouvoir exécutif de nous ménager ; surveillez ce département du Doubs ; défiez-vous des rapports de quelques Genevois , des exagérations de nos émigrés , et sur-tout des émissaires de vos ennemis. Ne sappez point notre repos intérieur : vous ne produiriez d'autre effet que de nous lier à la Germanie, ce qui ne peut convenir ni à vous , ni à nous.

Nous ne négligerons rien de ce qui peut avec honneur assurer la paix. Nous regretterions amèrement d'être aux prises avec une nation généreuse, qui comme nos ancêtres combat pour sa liberté ; mais si elle pouvait oublier que nous sommes ses frères ainés , si elle vouloit nous détruire ou nous avilir.... soyez surs alors que vous nous trouverez aussi terribles dans nos vengeances , que modérés dans nos offres.

Nos préparatifs sont faits ; tout est prévu, tout est calculé ; jusqu'au dernier homme est commandé. Au premier coup de canon, nos fanaux s'allument , le *Landstourm* sonne ; tout s'élance, tout s'anime, et jure devant ce Dieu auquel il a le bonheur de croire , qu'il va vaincre ou mourir.

Français, il en est encore temps, pensez à nos ancêtres , à notre réputation. Et vous, provinces voisines de nos frontières, vous qui y êtes plus directement intéressées, réfléchissez nos dangers communs ; concourez avec nous à écarter l'orage ; éloignez ce fléau menaçant, avant qu'au centre de vos foyers nous ayons le droit de vous dire : Nous ne demandions que paix, vous vouliez la guerre ; nous vous sollicitions de modérer, et vous avez irrité contre nous.

Au reste, de quoi nous plaindre ? Est-ce que vous ne nous préparez pas les premiers biens dont des Suisses puissent jouir, le plaisir de se battre, l'espoir de vaincre, et le bonheur d'être justes ?

Reconnoissance de l'Ambassadeur.

J'espère qu'elle passera ; mais au cas que cela n'arrive pas, écoutez aussi nos raisons. — D'abord cette reconnoissance est beaucoup moins signifiante qu'elle ne paroît. Notre exemple ne déterminera sûrement point les grandes puissances de l'Europe : et puis, que devons-nous proprement reconnoître ? Est-ce votre Constitution ? vous n'en avez point encore. Est-ce la forme provisoire de votre Gouvernement ? soyez sûrs que nous reconnoîtrons toujours celle qui dominera en France, pourvu qu'elle soit solidement établie. — Que nous importe sous quelle espèce de rapports il vous plaise de vivre ? Qu'ils vous rendent heureux, qu'ils nous laissent tranquilles, cela nous suffit. — Nos circonstances locales, et nombre d'autres relations nous lient à la

France : nous désirons sincérement ne pas nous en séparer; nous avouons avec reconnoissance que nous lui devons une grande partie de notre bien-être passé , mais nous.devons aussi menager le présent et l'avenir. —Si, par des démarches trop favorables pour vous, nous nous compromettions avec vos ennemis, vous pourriez partager dans peu nos embarras ; car, dans les circonstances présentes, toute révolution extrême vous seroit contraire.

Il est dans notre position générale des détails de prudence qu'on ne peut publier; mais je les ai présentés à vos Ministres, à vos Comités; et dans celui de Défense Générale, on sentoit si bien notre position , qu'on me donna l'espérance positive qu'on ne nous presseroit point, qu'on se concerteroit avec le Ministère , etc. — J'en appelle à Brissot, à l'éloquent , à l'influent Brissot, qui, comme Président du Comité , me parloit en son nom. — Et cependant votre Ambassadeur nous presse. J'espère que la reconnoissance passera : mais si elle ne passoit pas, je sais aussi qu'on prépare alors une motion qui seroit équivalente à une déclaration de guerre, en exigeant de nous ce que nous ne pouvons accorder : (et vous faisant entrevoir peut-être que nous y consentirions plutôt que de rompre avec vous.) — J'avise avant que le sang coule, et qu'on fasse égorger des mille et milliers d'hommes.

Si on décrétoit (ce qui est assez conforme à notre marche) si on décrétoit, dis-je , un délai, un plus ample informé, ou communication plus réfléchie avec nos alliés , n'allez point alors prendre cela pour un refus. — Nous marchons lentement , nous n'avançons un pied qu'après que l'autre est bien assuré ; nous évitons les élans et les sauts périlleux ; mais cela fait aussi que nos affaires sont moins souvent en l'air.

Cette reconnoissance ne risque pas seulement d'indisposer contre nous d'autres Puissances, mais elle nous expose encore à nous compromettre avec vous-mêmes. Nous connoissons la supériorité de votre esprit ; mais nous savons que des hommes, et même des Français très-éclairés , peuvent se tromper. Nous le savons d'autant mieux, que ce qui passoit pour le comble de la raison, pour le chef-d'œuvre de Constitution , il y a trois ans , est aujourd'hui considéré sous un tout autre point de vue. Qui peut nous garantir qu'il n'en sera pas de même dans peu ? Voyez les journaux et les déclamations de ce temps là ; vous les verrez tout aussi passionnés, tout aussi convaincus en apparence qu'ils le sont à présent. — Et si nous avions reconnu en 1789 , ne pourriez-vous pas nous blâmer en 1793 ?

1793 ? Et qui sait ce que la suite amènera ?

Au reste, il ne s'agit pas de Constitution, puisque vous n'en avez point encore ; il s'agit d'une reconnoissance de votre Représentant, d'un moyen de communication diplomatique, et d'un acte de bon voisinage, pour lesquels notre majorité sera bien surement toujours portée, quelle que soit la forme de Gouvernement sous lequel la France jugera à propos de vivre.

———

Cette feuille étoit déja sous presse, lorsque j'ai reçu la nouvelle satisfaisante que le Conseil souverain de Berne, adhérant au préavis de Zurich, a décrété qu'on donneroit à l'Ambassadeur de la République Française le titre requis. Il est probable que tous les autres Cantons suivront cet exemple. — Puisse cet acte de concorde déjouer les malveillans, et prévenir tous les prétextes, toutes les intrigues qu'ils n'ont cessé de mettre en usage pour amener une rupture ! — On doit rendre à cette occasion toute la justice due à Zurich : c'est que, dès le commencement de la révolution, ils n'ont cessé de se comporter avec une sagesse qui mérite l'estime et la reconnoissance des deux Etats.

C

N'a-t-on pas calomnié les Suisses dans l'opinion publique, et particuliérement le Canton de Berne?

Quatre grands griefs nous sont continuellement reprochés : La malveillance pour la révolution ; — La retraite accordée aux émigrés ; — Le projet de renvoyer l'ambassadeur de France ; — Le secours envoyé à Genève ; — La partialité de notre gazette.

A l'égard du premier, il faut convenir que la révolution n'a pas commencé sous des auspices heureux pour nous, en ce que, presque pour début, on a changé notre titre distinctif de Gouvernement, en injure atroce. L'altération de ce seul mot a plus contribué à aigrir réciproquement, que tout le reste. — D'ailleurs l'idée de cette malveillance est exagérée ; non-seulement elle n'est point générale, mais la révolution a des partisans extrêmement chauds, qui considèrent les succès des Français comme les leurs propres, sans être cependant tentés de les imiter, parce que d'autres rapports exigent d'autres mesures.

La retraite accordée aux émigrés, sans autre secours, ne peut être considérée que comme un acte d'hospitalité, comme une spéculation de finances pour augmenter le numéraire ; et d'ailleurs un décret souverain en a restreint le nombre. — Ce refuge a aussi été favorisé par des circonstances particulières, et ce n'est pas notre faute si on a eu la mal-adresse de laisser au comte d'Artois le titre de colonel général des Suisses. J'atteste que jusqu'au 10 août on se recommandoit à lui pour obtenir des grades. Peut-on exiger que tous nos officiers soient des philosophes?

Le projet de renvoyer l'ambassadeur de France s'excuse par la date seule : c'étoit immédiatement après le 3 septembre (a). Si vous avez jamais perdu un fils, un frère, un ami, je n'ai pas besoin de rien ajouter (b).

Le secours envoyé à Genève étoit une

(a) C'est à la prudence et aux lettres adroites et aimables du ministre des affaires étrangères, M. Le Brun; c'est à la sage modération et à la tempérante aménité de l'ambassadeur, M. Barthelemy, qu'on est redevable, en grande partie, de la tournure pacifique donnée à nos ressentimens et difficultés réciproques. Ce dernier, pendant sept ans attaché à Londres aux plus grandes négociations de l'Europe, ensuite sept ans à Vienne, cinq à Stockholm, a appris à connoître les hommes, les affaires, et le point où la corde casse lorsqu'elle est trop tendue; Peu d'hommes à sa place auroient eu le courage et le talent de se maintenir, après les massacres du 10, du 3. Je crois que les deux Etats lui ont des obligations, et c'est avec sentiment que je lui offre ici l'hommage de mon estime et de ma reconnoissance.

(b) J'en parle avec impartialité; — j'opinai contre,

exigence absolue de nos traités. Tout ce qu'on a opposé et dit à la Convention à cet égard, prouve seulement que les hommes les plus instruits n'ont que vingt-quatre heures à la journée, et qu'ils n'ont pas toujours le temps d'examiner les choses avec l'attention requise. — Je ne veux point entrer dans de longs détails diplomatiques, mais un fait prouve sans cela : c'est que l'article étoit si évident à la discussion de notre conseil souverain, que, autant que je me rappelle, il n'y en eut pas un seul du parti de *neutralité et de modération*, ou soi-disant *parti français*, qui est aussi celui de l'économie, qui osât présenter la moindre objection. — Mais, dit-on, le traité n'exigeoit pas dix-huit mille hommes ; il ne demandoit que le contingent de garnison. Cela est vrai ; mais, après avoir rempli nos traités, nous avions aussi à veiller à notre propre sureté, et au soutien de nos frères. Lisez la correspondance de Montesquiou, vous serez édifié.

---

et dans une séance relative, je n'ai point craint de dire que la fidélité des engagemens avoit ses bornes; que tout traité supposoit la justice pour base ; et qu'une fidélité militaire qui n'admettroit nulle exception, engageroit nécessairement à devenir le satellite, le complice des atrocités d'un Néron, des inepties d'un Claude, des folies d'un Charles VI.—— Je cite le mot, parce qu'on l'a altéré dans le public.

Reste notre gazette. Ah ! pour celle-ci je vous l'abandonne : dix fois elle fut dénoncée comme libelle. J'observe cependant, qu'ensuite de ces dénonciations, un décret souverain défend d'y insérer des réflexions, et prescrit de se borner aux faits. On peut ajouter une excuse bien forte ; c'est qu'elle n'a ni précédé, ni égalé les injures et les calomnies de vos journaux. Je n'en citerai qu'un seul exemple ; il est récent, et présenté sous les auspices de trois membres de la Convention Nationale ; et cela, au moment où l'on cherchoit à établir les bases de la paix (*a*).

Chronique de Paris, 10 février 1793.

« (*a*) Le journal du Doubs, intitulé *la Vedette*, se plaint de la mauvaise réception faite par les Bernois aux Commissaires du département, envoyés à la découverte des faux assignats qui s'impriment et se distribuent publiquement à Berne : il dit que ces commissaires ont été obligés, pour conserver leur vie, de dissimuler les avanies qu'on leur a faites, et les propos insolens qu'on a tenus devant eux ; il se plaint enfin de quelque bien que nous avons dit des Bernois dans une de nos feuilles : nous allons tout éclaircir. Nous savons que l'aristocratie de Berne est la plus insolente et la plus incorrigible de toutes, et que certains Bernois sont nos ennemis les plus déclarés. Mais nous savons aussi qu'il y a dans cette ville, et sur-tout dans le canton, des Suisses

Que répondre à cette affreuse diatribe? Rien. Nous sommes trop au-dessus d'injures aussi grossières, de faussetés aussi manifestes.—Et c'est ton nom, Condorcet, ce nom cher aux lettres, qu'on trouve à la tête de ce journal! Si tu veilles si peu à notre réputation, je m'en vengerai en veillant à la tienne; et je préviens que c'est un autre qui rédige la partie de ces nouvelles. Le nommerai-je? Mon amour-propre souffre; j'ai si souvent fait son éloge! je l'estimois si sincérement! Comment le tirer de là? Heureusement je me rappelle un mot de Montagne, qui dit : *que si l'on soumettoit toutes les actions, toutes les pensées du plus honnête homme à l'examen des lois et de la*

---

de l'ancienne roche, ennemis jurés de l'Autriche, et qui par conséquent inclinent pour la France, et ne veulent pas la guerre avec nous. Nous espérons qu'ils auront assez d'esprit pour empêcher le canton de faire cette folie : voilà ceux dont nous avons dit du bien. Quant à l'infame protection accordée, soit à Berne, soit à Fribourg (à ce qu'on dit encore) aux fabricateurs de faux assignats, elle couvre de honte la magistrature de ces pays. C'est une manière de nous faire la guerre en nous volant, qui ne convient qu'à des lâches. De graves magistrats qui se montrent faux monnoyeurs, et parconséquent dignes du gibet, sont les plus vils des hommes; et qu'ils y prennent garde, car cette infamie les avilit aux yeux de leurs sujets. »

raison , il ne s'en trouveroit point qui n'eût mérité d'être pendu dix fois dans sa vie. —Eh bien , je suppose que Rabaut Saint-Etienne est toujours le même homme respectable, mais que c'est une des dix fois.

Un des plastrons des mauvaises plaisanteries subalternes d'autres journalistes, qui prouvent pour l'ordinaire qu'ils sont encore moins heureux en connoissance des faits qu'en bel-esprit, ce sont nos Baillifs.—Il est faux qu'ils aient des revenus aussi considérables : d'ailleurs ce n'est que pour six ans, et c'est la récompense pécuniaire de toute une vie. Le Conseil Souverain , et les Chambres (ou Comités), ne rapportent que peu , ou rien. Celle des appelations du pays de Vaud, ne produit pas à chaque membre trois louis par an , et elle exige des capacités distinguées et un travail assidu. — Il est faux que ces Baillifs aient tant de pouvoir. Ils sont, à la vérité, Lieutenans du Souverain dans toutes les branches d'administration publique, ce qui donne à cette dernière plus d'accord, plus d'ensemble; mais ils dépendent et sont contrôlés sévèrement dans chaque partie , par les différens dicastères de cette branche.—Il est encore plus faux qu'ils imposent des amendes arbitraires: toute amende est fixée par la loi ; le Baillif peut l'adoucir, non la renforcer, et tout délit est sujet à l'appel ; la compétence au civil même n'est que de cent livres. — Il y a aussi divers exemples de cessation ou déposition de Baillifs, pour abus ou incapacité (*a*).

On ne se contente pas de supposer des faits, d'en altérer d'autres : on supprime encore ceux qui pourroient attester notre neutralité bernoise. En voici quelques-uns dont la certitude ne laisse aucun doute.

Le 26 mai 1792, les frères du roi écrivirent aux XIII Cantons, pour les inviter à entrer en coalition.

En septembre, même invitation de l'empereur.

En novembre, même du roi de Sardaigne.

L'opinion à cet égard étoit si fortement prononcée, que les refus polis n'éprouvèrent pas la moindre difficulté.

____

(*a*) J'en ai moi-même remplacé un pour ce dernier motif : et pour inspirer plus de confiance, je citerai qu'ayant eu le bonheur de contribuer à rectifier le code des lois et droits particuliers du Haut-Simenthal, ils m'honorèrent d'un diplôme par lequel ils s'engagent, pour eux et leurs descendans, envers moi et mes descendans, à me considérer toujours comme leur bienfaiteur. L'épée que je porte, l'écritoire dont j'écris, sont des souvenirs de leur reconnoissance, qui me rappellent bien précieusement ce pays si cher à mon cœur, si respectable à mon estime.

Mirabeau l'émigré avoit établi un petit entrepôt de recrues dans le Canton. Aussitôt connu, aussitôt suprimé, et Mirabeau éconduit.

La richesse de notre arsenal *(a)* offroit beaucoup de vieilles armes dont on se seroit défait avec plaisir : les princes proposèrent de les acheter ; cela fut refusé.

A Arau, un artiste fondoit des canons pour eux : la fonte fut interrompue.

Le prince d'Esterhasi, général autrichien, menaçoit de forcer le passage près Basle. Deux représentans suisses, dont un le conseiller Stettler de Berne, se rendirent auprès de lui, insistèrent fortement sur la renonciation à ce projet, et l'obtinrent.

Le régiment d'Ernest, désarmé à Aix sans le moindre fait qui pouvoit altérer sa gloire, mais cependant avec des circonstances pénibles ; ce régiment fut demandé par vos ennemis. On le leur refusa ; et à quelle époque ? à celle où les Prussiens étoient déja à Longwi et Verdun.

Enfin, vos journaux étoient prohibés, parce

(a) Il n'est pas d'Etat en Europe dont tout le peuple soit armé, et qui ait en outre, dans ses arsenaux, de quoi en réarmer les deux tiers ; nouvelle preuve de bonne administration.

que ce qui peut éclairer les uns peut éblouir les autres. — Dernièrement on vient, sur ma motion, d'en faire un choix, et d'en permettre le libre cours. Le *Moniteur*, le *Journal de Paris*, celui des *Débats et Décrets*, sont du nombre; et on remarque qu'au lieu d'exciter, ils calment. Ce n'est cependant pas par excès de modération.

A ces faits prouvés légalement, et d'un tout autre poids que ceux qui ne se fondent que sur une vaine déclamation, pourroient s'en joindre nombre d'autres que je supprime par briéveté. On peut avoir eu à se plaindre de passions individuelles, on croit avoir des indices d'écarts particuliers; mais je défie qu'on puisse inculper et prouver un acte du Gouvernement.

Irons-nous de notre part mettre en opposition la prépondérance de nos griefs ? Et d'abord le licenciement de toutes nos troupes contre les traités, la plupart sans indemnisation, sans retraites accordées (ou du moins encore payées) à tant de braves Officiers et pauvres Invalides, dont cette prétention étoit une propriété sacrée, fruits de leurs services, espoir de leur vieillesse (*a*) ? sans parler

---

(*a*) L'actif Beurnonville a déja porté son œil et sa justice sur une partie de cet objet. Le ministre Pache

de ceux qui, au milieu de leur carrière, se sont vu enlever leur seule ressource.

Irai-je m'appesantir sur les détails du 10

m'avoit aussi promis d'y veiller : j'ose le lui rappeler, quoique hors du ministère ; et je cite à cette occasion un trait honorable. — Il m'avoit donné rendez-vous à huit heures du soir : à six on venoit de décréter qu'il seroit remplacé le surlendemain. Je l'ignorois. Je me présente : il me reçoit, et m'écoute pendant une demi-heure avec la même sérénité, la même attention que s'il ne s'étoit rien passé. Il termine par ces mots : « Je mettrai au rang des plus beaux jours de ma vie, celui qui, m'arrachant à cette carrière pénible, me rendra au repos, à la paix et à moi-même. » Il n'en a pas long-temps joui.

Pache, toi dont j'admire la philosophie, toi qui aime qu'on te tutoie et te parle franchement, eh bien ! je te dirai rondement que je ne suis pas content de ta conduite avec ta patrie. Tu pouvois tant pour son repos ! tu le peux encore par l'influence de ton nouvel emploi. En vain tu renierois cette patrie ; elle te réclame ; elle n'a de tort envers toi, que de ne t'être pas assez connue : elle te rend responsable de sa tranquillité au tribunal de l'opinion. Ingrat ! pourrois-tu la troubler ? car, ne t'y trompes pas, c'est elle qui te nomma au ministère, c'est elle qui te créa maire de Paris.... Tu t'étonnes ?... Eh ! n'est-ce point à tes vertus, à ta fidélité, à ta simplicité, à ta bonhomie que tu fus redevable de ton élévation ? et la source de tout cela n'est-elle pas dans le sang Suisse qui coule dans tes veines ? — Pache, je te somme de remplir le serment de tes pères.

août ? Tracerai-je avec les pinceaux du ressentiment et le fiel de la vengeance, le massacre des 84 désarmés, au centre du palais de la sureté civile, et sous la sauve-garde de la loi ? Fixerai-je vos regards révoltés sur les graisses fondantes d'un homme rôti vif, sur les entrailles palpitantes d'une femme éventrée, sur les agonies convulsives d'hommes jetés par les fenêtres, ou égorgés dans les rues, long-temps après qu'ils n'étoient plus à craindre? — Non, les faits ne parlent que trop. Je voudrois inspirer des regrets, mais je crains de r'ouvrir les plaies de mes compatriotes, et de ranimer leurs ressentimens. — Je les accusois à Berne ; je les excuse ici, et cependant par les mêmes motifs.

Il ne faut pour cela que peu de mots. On leur disoit : *On va assassiner le roi ; vous êtes sa garde ; c'est avec lui que vous avez traité.* Il n'est, en outre, pas douteux que des officiers municipaux leur avoient consigné le même matin de repousser la force par la force. Si je blâme leurs erreurs comme philosophe, j'applaudis à leur fidélité comme Suisse, j'admire leur courage comme Militaire.

Pensez-y, Français, avant de nous attaquer. Ces Suisses osèrent pour ce foible roi, ce que nul autre Corps n'osa pour lui. Que n'auroient-ils pas fait pour vous ? — Pensez-y avant de rompre : nous vous serons aussi fidelles un jour, que nous le fûmes à vos maîtres.

Passons rapidement sur ce 3 septembre. Ce n'étoit pas le Français, c'étoit l'homme , c'étoient les circonstances. Ce n'étoit pas la Nation, c'étoient quelques individus; et s'il est des monstres qui avilissent leurs semblables, il est des corps nombreux qui les honorent.

Militaires de la section des Tuileries, vous serez à jamais respectables à nos yeux, chers à notre mémoire. C'est vous qui aux Feuillans sauvâtes la vie à plus de deux cents de nos compatriotes qu'on s'impatientoit d'égorger.— Avec quels tendres soins , quelle respectable inquiétude, quelle ingénieuse adresse n'ont-ils pas été soustraits à ce massacre par leurs généreux gardiens?...Que n'avez-vous vu ces vieilles moustaches me raconter tout cela!...s'interrompre au milieu du récit, parce que leur voix s'altéroit, se tourner ensuite pour cacher un œil humide.... et, après un instant de silence , continuer avec émotion ! — Oui, si vous les aviez vus, vous auriez senti , que le souvenir d'un bienfait vaut mieux que le remord de la vengeance. .....Oh ! si le parti des furibonds devoit l'emporter sur celui des sages....si la guerre devoit se déclarer entre nous....si jamais , au rang des blessés ou des prisonniers, un de ces citoyens de garde aux Feuillans devoit avoir besoin de secours....qu'il se rappelle que ce titre seul ne cessera de nous être respectable....Qu'il se réclame, qu'il me donne la préférence, mais qu'il dise que nous sommes d'anciens amis. Je ferois trop d'envieux.

Quoi ! Français, je n'oserois nommer ici les principaux de ces bienfaiteurs, sans les compromettre, sans les rendre suspects ! et je nommerois sans les exposer les bourreaux du 3 septembre !....ou quelques Cannibales du 10 août, qui, montés sur des charrettes de cadavres dépouillés, traversoient vos rues, en insultant, en hachant les restes mutilés de ces déplorables victimes!—Français, ce contraste m'effraye. Quelles affreuses conséquences ! Je vous aime trop pour les commenter.—Mais elles m'affligent pour vous.

Quelques mots sur les deux grands principes.

La lumière philosophique ressemble à celle du soleil : à une certaine distance, elle éclaire, féconde, anime : un peu plus près elle éblouit, dessèche, détruit, consume. La chaleur doit être proportionnelle aux élémens sur lesquels elle opère. La nature nous l'indique en grand, et le degré de feu qui glaceroit Saturne, mettroit Mercure en combustion.

De même, les principes de législation doivent se calculer sur la foiblesse de l'homme en général, l'ignorance des classes inférieures, et le caractère distinctif d'une nation. Vous ne pouvez parler à l'animal le langage de l'enfant, à l'enfant celui du père, à l'homme sans culture celui de l'homme éclairé, et à un peuple vif et léger, sortant de l'esclavage, celui d'un peuple libre, réfléchi et vertueux.

Donnez à Sieyes, Péthion, Buzot, Guadet, Vergniaud, Bréard, ou autres de vos législateurs les plus éclairés, donnez-leur vingt-six hommes pris au hasard dans la masse, chargez-les d'en faire vingt-six philosophes : ils refuseront, comme chose impossible ; et vous voudriez en faire vingt-six millions ! — Des principes très-philosophiques exigent nécessairement des lumières supérieures pour les saisir, et plus ils seront sublimes, plus ils seront sujets à l'abus pour le vulgaire.

Les théories abstraites d'égalité et de liberté sont au premier rang de cette classe. Nul peuple n'a encore vécu sous ces rapports : car envain cite-t-on mal-adroitement les Spartiates; ils avoient des rois, une population peu nombreuse, des Ilotes pour esclaves, et l'histoire nous dit qu'ils étoient peu heureux, parce qu'ils s'écartoient trop du cours de la nature, qu'il

faut moins juger sur des spéculations méta-
physiques , que sur des résultats de tous
les temps.

Mais, sans se perdre dans l'antiquité, Genève
nous offre un exemple digne de votre attention. C'est de cette patrie des Rousseau , des
Necker, des....d'où jaillirent tous les germes
de la révolution.—Genève , la ville de l'Europe
la plus éclairée, celle où l'esprit public est
depuis long-temps en rapport avec les nouveaux principes, ne cesse d'être agitée , de
se plaindre, s'accuser, refondre sa constitution , appeller tous ses voisins à son secours,
qui ont depuis 1707 , et même avant, inutilement tenté de les concilier. Et comment cela
seroit-il possible ? Ce peuple (d'ailleurs très-
estimable), à force d'être travaillé, trompé,
égaré, est devenu inquiet, soupçonneux, vin-
dicatif, égoïste ; et il seroit devenu cruel , si
la bonhommie des Alpes , combinée avec la
politesse française et le sentiment de son
peu de force, n'avoient tempéré son efferves-
cence. A force de raisonner, il est devenu rai-
sonneur, non-raisonnable , et encore moins
heureux. Il n'a cherché la félicité publique
que dans des systêmes de constitution, lorsqu'elle réside plus particulièrement dans la
bonté du gouvernement , et la moralité nationale.

Si

(50)

Si des principes, probablement exagérés,
n'ont pu amener l'ordre et l'harmonie dans
une petite république, dont presque toute la
population est renfermée dans une ville, et
dont le peuple est naturellement doux, spiri-
tuel, aimable; — s'ils ont produit une fer-
mentation toujours renaissante; — n'y a t-il
pas quelque probabilité que ces principes encore renforcés, chez une nation beaucoup plus
vive et près de huit cent fois plus nombreuse,
ne sèment des germes d'agitation intermina-
bles? — C'est un doute que je propose : vous
avez invité tous les étrangers à vous présenter
les leurs. D'ailleurs votre cause est celle de
l'humanité; — car peu de milieux : ou vous
êtes vaincus, ou vous êtes vainqueurs. Dans
le premier cas, nous retombons dans la barbarie. Les Princes se liguent, les lumières
s'étouffent : on attribue à la philosophie jusqu'aux écarts de ses principes : on considère
comme résultat, ce qui n'est que celui des
circonstances. Un sceptre de fer s'étend sur
l'Europe : l'ignorance, le fanatisme, l'inqui-
sition renaissent, et nos pauvres descendans
gémiront sur les suites d'une révolution qui
devoit faire leur bonheur.

D'un autre côté, si vous êtes vainqueurs,
si vos succès sont trop rapides, si vos imagi-
nations s'exaltent, si vos principes s'exagèrent,

D

ou l'esprit de conquête s'empare de vous ;
alors on oublie le but primitif. La destruction,
la mort, le pillage et tous les fléaux de la
guerre s'étendent au loin ; l'anarchie règne.
Les banderoles de la liberté flottent dans les
airs, mais la terre est couverte de sang et de
ruines ; plus de propriété, plus de sûreté ; les
arts se détruisent, les sciences se perdent, la
morale se corrompt, l'Europe retombe dans
la barbarie, par cette loi immuable de la
nature, qui veut que les extrêmes se touchent.

Puissent des événemens moyens, des dispositions plus modérées contribuer à remplir
les promesses de l'aurore de votre liberté ! Puissent vos Représentans sentir toute la dignité
de leur position, toute la grandeur de leur
devoir, toute l'étendue de la responsabilité !
L'Europe a l'œil sur eux ; la postérité pro-
noncera si on doit les appeler *bienfaiteurs*
ou *destructeurs* du genre-humain, s'ils sont
les instrumens d'une *vengeance* ou d'une *bé-
nédiction* divine. — Le moment approche où
les bases vont s'établir : qu'ils calculent mûrement cette nouvelle constitution ; et puisque
chacun a le droit d'aviser, je hasarde quelques mots sur les deux grands principes.

L'égalité (dans le nouveau sens), ce
principe sublime en théorie, est un des plus
difficiles en application. La rapidité de ses

progrès, l'exagération de ses conséquences, l'impossibilité d'en fixer les bornes, l'intérêt de la majorité à en abuser : tout cela renferme peut-être le germe fatal de destruction, et de toutes les calamités publiques.

L'égalité devant la loi civile, est un principe sacré que la tyrannie et l'injustice seules oppriment ; elle est la base de toute sureté ; devant elle il n'est point de rang, point de titre, que celui du vrai et du juste : je veux même plus, et si la balance est en suspens, le juge doit prononcer en faveur du moins riche, parce qu'il retire moins d'avantages de la société.

L'égalité des droits à l'admission des places et emplois publics, porte aussi un caractère respectable ; elle semble ouvrir tous les chemins au mérite (si malheureusement l'expérience ne prouvoit quelquefois le contraire.) On peut, on doit chercher à l'établir dans un Etat naissant, une Constitution nouvelle, où les obstacles sont déja écartés, et où le vœu de ce seul bien n'expose pas à un bouleversement qui détruiroit tous les autres. On doit même, sous ces derniers rapports, tâcher peu à peu à se rapprocher sans secousse, et diminuer les droits exclusifs.

Mais lorsque l'égalité s'explique vaguement, *en ce que chacun puisse jouir des*

(52)

mêmes droits, l'intérêt de la majorité abuse bientôt de la définition ; elle se change en état de guerre du pauvre contre le riche, du subordonné contre l'homme en place : elle doit affoiblir la subordination, l'ordre, la paix, la sureté, la propriété, l'industrie , et toutes les bases de prospérité publique. L'excès du bien est vice ; et le but une fois dépassé, plus on court, plus on s'en éloigne.

L'égalité n'est nulle part dans la nature ; pas plus dans le monde physique que dans le monde moral. Nous voyons autour de nous un enchaînement de gradations, images de celles du grand tout, depuis ces vastes globes de lumière , jusqu'à ces globules terraqués où quelques insectes se disputent et se dévorent. — Applanissez les montagnes, égalisez la surface ; dès-lors plus de vallons, plus de fleuves, plus de circulation , plus de végétation : point de milieu ; ou il en résulte un desséchement universel , ou une inondation générale.

Mais, pour se rapprocher. Un excès d'égalité nuiroit à l'agriculture, à la population, et sur-tout à l'industrie, en détruisant les véhicules et le travail.—Une simplicité philosophique ne peut s'allier avec un Etat vaste et peuplé.—Jetez un coup d'œil sur Paris ; parcourez avec détail une rue, une section, vous verrez que les neuf dixièmes vivent de luxe. Qui les fera vivre ? qui habitera ces palais ? Faut-il les détruire, rebâtir avec plus d'égalité, et ne permettre aux ouvriers que la hache et la scie, comme à Lacédémone ? — Non. Il faut seulement un peu se modérer, ne pas vouloir faire en un an le travail d'un siècle : laisser aller un peu plus le monde comme il va, et confier à vos descendans le soin de polir ce que vous avez ébauché. — Il faut aussi gagner deux ou trois batailles, ensuite faire la paix, rentrer dans ses bornes, en mettant à l'abri des vengeances vos adhérens et vos conquêtes. Il ne faut pas se mêler de l'Escaut, jusqu'à ce que les bords de la Seine fleurissent ; ne pas tant blâmer les petits désordres de ses voisins, lorsqu'on en a soi-même de plus grands, et ne pas juger d'après une partie, mais d'après le tout. — Il faut mettre moins d'esprit, moins de théorie dans les affaires, mais plus d'expérience, plus de gros bon sens, et surtout un patriotisme vrai et une intégrité à toute épreuve. — Enfin il faut que chaque citoyen se rappelle que le plus sacré de ses devoirs est la pureté du choix de ses Représentans, et que lorsqu'il a à choisir entre le génie et la vertu, il doit préférer la dernière.

La liberté, cet autre grand principe, fut de tout temps le vœu des Nations les plus généreuses. Mais, en parcourant l'histoire, ce tableau de l'humanité, on voit que les rois et les peuples abusèrent tour à tour, et que la nature nous livre à un combat éternel entre le despotisme et la licence. La vraie liberté est au centre, également éloignée de l'un comme de l'autre. Elle consiste à ne dépendre que de lois justes, ou à pouvoir faire tout ce qui ne nuit pas au bien public. Dès qu'il n'y a plus de sureté, de propriété, il n'y a plus de liberté. Elle est sans doute un des premiers biens sociaux, mais elle n'est pas le seul ; nombre d'autres ne doivent pas lui être immolés. D'un juste équilibre entre les parties dépend l'harmonie du tout.

Français, nous ne différons que d'un mot. Vous paroissez avoir pour principe fondamental : *Libertas populi suprema lex esto.* — Quant à nous, nous tenons à l'ancien : *Salus populi suprema lex esto.* — Vous êtes parties dans la cause, nous le sommes aussi. Le temps décidera.

F I N.

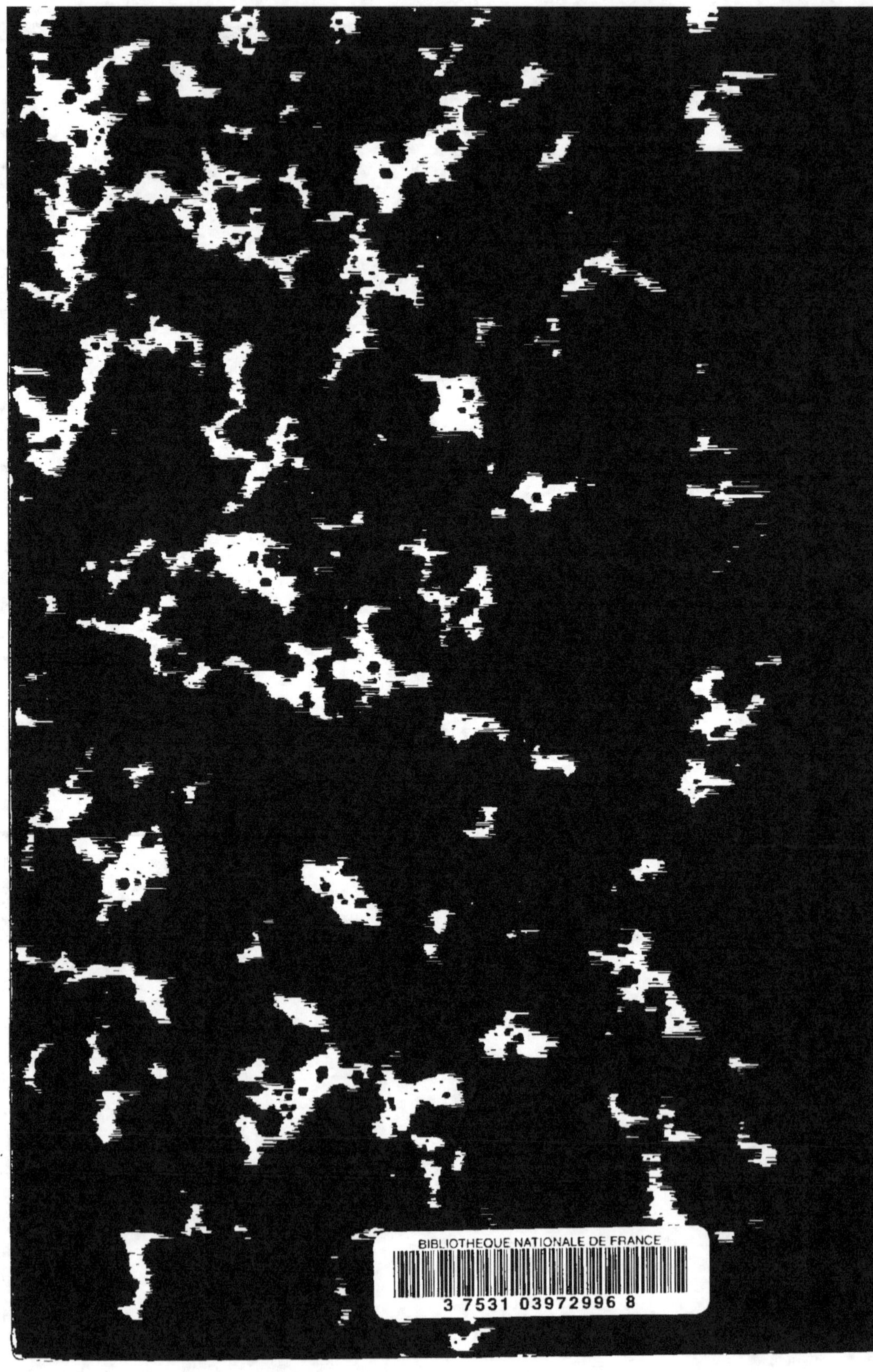